L6 45/588

RÉFLEXIONS

SUR LA

CONSERVATION DES LOIS

ET LA

LIBERTÉ DE LA PRESSE.

> Tout principe de conservation et d'amélioration est un bien.
> *République de Platon*, liv. X.

par Jean henry silbermann
secrét. génér. du Consist. génér.
Membre du Directoire.

A STRASBOURG, place St-Thomas N° 3.
ET A PARIS chez les Marchands de nouveautés.

1814.

RÉFLEXIONS
SUR LA
CONSERVATION DES LOIS
ET LA
LIBERTÉ DE LA PRESSE.

Parmi les nombreuses imperfections qui affligent la condition humaine, l'instabilité est peut-être celle qui en marque le plus le caractère. Cependant l'esprit de l'homme tend continuellement à la perfection. Dans tous les temps et chez tous les peuples éclairés la félicité publique a toujours été un objet principal de ses méditations. Les philosophes anciens nous ont légué d'excellens préceptes de morale et de législation. L'histoire, ce monument indestructible des variations de l'esprit humain, imprime aux axiomes de la philosophie le sceau ineffaçable de l'expérience. Les sciences, les lettres et les arts, ces enfans du génie que la longue nuit de la barbarie étouffa dans le moyen âge, et qui à d'autres époques furent souvent opprimés par le fer destructeur des conquérans, sans pouvoir jamais les anéantir, ont par leur douce influence créé et raffermi cet ordre social qui réunit les familles en corps de nation et les unit entre elles par le lien indissoluble de la civilisation. Le christianisme enfin, grâce à la pureté de sa morale et de ses dogmes consolans, achève de fixer autant par devoir, que par le sentiment d'une charité fraternelle, les principes et les motifs de nos actions.

Mais hélas! Telle est la destinée inévitable de l'humanité, que malgré ces principes irréfragables de la philosophie, ces exemples frappans de l'histoire, ce lien également doux et solide de la civilisation, ces vérités simples et consolantes de la religion; les philosophes et les moralistes n'ont encore pu s'accorder sur la question de savoir, si l'humanité marche de degré en degré à la perfection, ou bien si l'activité de notre esprit n'aboutit qu'à un mouvement de rotation, qui en effet en étend la sphère, mais qui n'ajoute point réellement à la perfection morale de la société. Nous laissons aux philosophes à décider une question digne de leur attention; il nous suffira de remarquer que l'objet discuté et sa discussion même prouvent déjà assez la tendance infatigable de notre esprit à lutter contre l'imperfection de la nature et des institutions humaines, et ses efforts continuels pour préserver celles-ci de l'instabilité qui menace sans cesse de les détruire.

La masse des lumières qui, dans le siècle où nous vivons, éclaire et les philosophes et les souverains sur les bases constitutives de l'édifice social, leur donne, ce nous semble, la même attitude que prend l'homme privé parvenu à l'âge de maturité de l'esprit : il connaît, il apprécie, il recherche la vérité ; il n'a donc plus qu'à se prémunir contre les suggestions de l'erreur qui tendent constamment à la lui dérober ou à la lui faire méconnaître. Il en est de même des notions politiques. Supposons que des lois sages, adaptées au génie particulier d'une nation et muries par l'expérience du temps et de ses malheurs passés, lui aient procuré de bonnes institutions politiques. Ce qu'elle aura le plus à redouter dans cette position heureuse, sera le danger de les négliger et de les voir renversées par l'effet de son indolence, de la dépravation de ses mœurs, ou par la violence d'un pouvoir abusif qui marche inévitablement à la suite de l'un et de l'autre de ces maux.

Cette catastrophe fatale que toutes les nations qui nous ont précédés ont éprouvée à la fin d'une carrière plus ou moins longue, plus ou moins brillante, a averti les législateurs de rechercher un principe conservateur qui servît de base à leurs lois, qui les soutînt et en fût réciproquement soutenu. Ce principe, dans l'âge de vigueur de l'humanité, où l'édifice social présentait un caractère de simplicité primitive, n'a dû consister que dans l'essence même des mœurs et des vertus publiques ; il avait pour garant une loyauté franche et un respect religieux pour les lois de l'État.

Cependant l'ordre social ne s'appuyant point sur les principes immuables du droit naturel, unique base d'une législation solide, qui vise au bonheur de tous, les vertus publiques agissaient pour la plûpart en opposition avec l'intérêt de l'humanité.

La civilisation des nations occidentales fit naître des formes d'organisation sociale bien différentes des anciennes. Les fiers romains, vainqueurs de l'Univers, en fondant un vaste empire qui ne s'écroula que sous son propre fardeau, furent dignes de jeter les fondemens d'un empire plus durable que leurs conquêtes, celui des sciences et des arts, éclairé du flambeau de leur législation civile. La philosophie devint dès-lors une science pratique, et par là-même l'appui fondamental de l'ordre social. Les décisions des jurisconsultes et les règles de droit civil et politique, puisées en grande partie dans la source du droit naturel, appliquèrent ce droit imprescriptible de l'homme au régime de la société.

Le principe de Platon, que c'est la justice seule qui rend un état vertueux *), devint un principe de législation.

Les droits de l'humanité, étant ainsi sanctionnés par les lois, et l'homme, comme tel, considéré comme partie intégrante de l'édifice social, il ne manquait plus que le complément de la morale chrétienne pour faire présider à jamais les principes du droit naturel au gouvernement des peuples. Il appartient à l'histoire de l'humanité, et particulièrement à celle de la civilisation, de tracer le tableau des progrès que fit le système social, depuis sa fondation jusqu'à nos jours, soit dans chaque nation particulière, soit dans toute l'étendue du monde civilisé. Nous devons nous borner ici à observer, que l'ordre actuel de la société, consistant dans une réunion d'individus dont chacun jouit des mêmes droits naturels et civils, et pourvoit par lui-même à son existence; chaque membre de la société attend de la force des lois qui le régissent, liberté, sûreté et protection de sa personne, de ses propriétés et de ses droits. Tel est aujour-

---

*) République de Platon, liv. IV.

d'hui le seul but et l'objet principal des lois constitutives d'un État. A ce but doivent concourir, comme objet secondaire, les lois qui en règlent le régime intérieur.

Les mœurs et les vertus publiques dans l'état actuel de la société, sont le fruit des mêmes principes sur lesquels reposent les mœurs et les vertus privées. Les lois, ainsi que nos actions, ne sont bonnes qu'autant qu'elles sont justes. Cette parité de principe entre les lois et les actions de ceux qu'elles régissent, prescrit au législateur de favoriser et de multiplier toutes les institutions destinées à répandre les lumières, à faire connaître, respecter et chérir les grandes vérités de la morale et de la religion.

Mais sa tâche devient plus difficile lorsqu'il s'agit d'établir les pouvoirs chargés de modifier, de surveiller et d'exécuter les lois. C'est là que se manifeste dans l'état de société, cet état de guerre, *) qui sans cesse met l'intelligence en butte au combat des passions. Les mêmes pouvoirs établis pour conserver, tendent continuellement à détruire. Ce caractère distinctif du monde organique, où la matière combat et aveugle à la fois l'esprit qu'elle prétend soumettre à ses lois grossières, a fait reconnaître la nécessité de

---

*) Montesquieu, Esprit des lois, Liv. 1. ch. 3.

balancer les pouvoirs, soit par un partage habilement combiné, soit par l'ascendant de la fortune ou de la considération de ceux qui exercent ces pouvoirs. Cependant, quelles que soient la justesse de ce balancement et la prévoyante appréhension du législateur, le principe destructeur des meilleurs institutions, joint à l'imperfection inhérente aux choses humaines, s'efforce constamment à miner et à renverser les institutions les plus prudemment combinées. Les hommes les font, les hommes les détruisent. Serait-ce parce que ce qui a été une fois bien, devient avec le laps du temps entièrement mauvais? Non : car pour modifier les lois, pour les adapter aux usages et aux besoins du temps, il n'est pas nécessaire de les détruire. Serait-ce parce que l'homme, indifférent sur sa prospérité, veut se faire du mal, en dépit de soi-même? Mais qui le voudrait? C'est donc bien malgré eux que les individus et les nations consentent et concourent même à la dégradation et au renversement des lois protectrices de leurs droits et de leurs libertés.

C'est cette violence, ennemie de l'ordre et de la félicité publique, qui a fait naître l'idée d'une autorité conservatrice de la liberté des peuples et qui a donné lieu à l'institution de ces assemblées d'Ephores, d'Amphyctions, d'États, de

Parlemens etc., et qui, en dernier lieu, dans la Constitution des Français fut établie sous le nom de Sénat-Conservateur. Mais encore, ce Sénat était-il autre chose qu'une institution exposée, comme la Constitution même dont il devait surveiller l'intégrité, aux entreprises de la violence, et dont il devint même la première victime, parce que la plus légère atteinte portée à ses droits était l'augure sinistre de son anéantissement. Le rempart s'écroula avec la forteresse et même plus tôt.

Mais si l'empire des lois humaines ne peut échapper à la destruction, en est-il de même de celui de la vérité ? Cette suprême loi, émanée de la divinité comme l'homme même, ne parviendra-t-elle point à se fixer ici bas, à occuper dans l'organisation de l'ordre social, ce rang élevé et apparent qui lui appartient de droit et la met au-dessus des lois humaines ? Ne parviendra-t-elle point à former un tribunal incorruptible, également accessible aux Souverains et aux peuples contre l'usurpation et la tyrannie ? — Sans doute la vérité occupe ce rang éminent parmi nous. Elle a trouvé un organe, qui la rend une institution réellement existante, toujours agissante et prête à conserver les droits de tous : c'est la *Liberté de la presse*.

Pour quiconque a suivi d'un œil attentif les progrès de l'humanité et de la civilisation dans les pays où la liberté de la presse a trouvé un asyle, il est inutile de lui en tracer ici le tableau. Partout où elle vient s'établir, des ouvrages classiques paraissant sous son égide, répandent un jour nouveau sur l'étude de l'histoire et contribuent par là même à propager les lumières et à consolider ainsi les bases de l'édifice social.

La France aussi avait accueilli dans son sein cette précieuse liberté, mais un gouvernement ombrageux et oppresseur en redouta l'influence. La rentrée heureuse de la dynastie des Bourbons et les principes fortement exprimés par le souverain nous garantissent avec le retour de la liberté politique et civile, celle de la presse. Une constitution concertée entre le souverain et les représentans de la nation est à la veille de proclamer l'inviolabilité de cette liberté, seul garant et conservateur de nos institutions.

Guidés par les lumières du siècle, instruits par une longue série de malheurs communs, le souverain et la nation sont intimement persuadés que la liberté de la presse est seule capable de conserver les droits imprescriptibles des nations et des rois. L'exercice de tout droit a sans doute ses bornes là où il dégénère en délit. La publicité doit cesser lorsqu'elle se prête au crime; comme simple délit elle n'est sujette qu'à la poursuite de ceux dont elle lèse les droits *). Gardons-nous donc de confondre la *liberté* pleine et

---

*) On définit *délit* toute action ou omission par laquelle les droits d'un autre sont lésés. Ainsi le délit suppose un *fait* (positif ou négatif) et la *lésion* d'un droit; la distinction, d'ailleurs critiquée avec raison, en délit vrai et *quasi* délit, est donc ici sans objet, puisque le délit en matière de publicité ne peut se rapporter qu'au fait et jamais à l'intention. « Parmi nous, « dit *La Combe*, dans son *Traité des matières cri-* « *minelles*, les crimes publics sont ceux qui nuisent au « bon ordre et à la sûreté publique. » — En rapprochant cette définition de l'expression de Sa Maj. Louis XVIII, dans sa déclaration sur le plan de Constitution proposé par le Sénat, « de respecter la liberté de la presse, « sauf les précautions nécessaires à la tranquillité publique », nous admirons la haute pensée de Sa Majesté, dont chaque parole annonce des sentimens paternels et libéraux, de ne prétendre gêner la publicité que lorsqu'elle s'abaisse au crime. — « Les crimes ou délits « privés, dit l'auteur précité, sont ceux qui n'intéressent « que les particuliers qui se trouvent offensés, et non « le repos et la sûreté publique; comme les simples in- « jures, légères voies de fait, et autres de cette nature; « lesquels le ministère public n'est pas obligé de pour- « suivre, et n'est pas même en droit de le faire à sa « requête, mais la poursuite en doit être faite à la « requête des particuliers offensés pour la réparation « civile, à quoi seul ils peuvent conclure etc. » — Il résulte de là que la publicité en donnant lieu au simple délit n'en sera pas moins libre, mais que la justice

entière, avec la licence. Nous savons qu'on fait l'outrage à notre nation de la croire moins susceptible que toute autre d'en jouir avec sobriété. Mais cette nation ne saisit-elle point avec une délicatesse d'esprit et une sagacité rares les différentes faces des sujets les plus abstraits, les plus compliqués ? N'est-elle pas douée à un degré éminent du talent de présenter les plus importantes vérités avec un noble enthousiasme, une abondance de preuves et de sentimens, un charme de style, auquel le préjugé le plus invétéré, le cœur le plus froid ne sauraient refuser de se rendre? Et si la légerté, l'inconsidération ont été si souvent reprochés aux Français par leurs plus respectables écrivains *), prouvons que les coups du malheur ont été pour nous des leçons de sagesse.

Loin donc de nous cette assertion fausse et pernicieuse, démentie d'ailleurs par l'expérience, qu'en admettant la liberté pleine et entière de la presse, la religion, les mœurs auraient à appré-

---

est toujours prête à procurer au particulier la réparation de l'offense. Cette réparation ne devient point illusoire lorsque l'auteur ou l'imprimeur, obligés de se nommer, peuvent être actionnés par la partie lésée.

*) Entre autres Montesquieu, *lettres persanes;* Mably, (*observations sur l'histoire de France*) en vingt endroits.

hender les traits empoisonnés de l'erreur, de la calomnie, de l'irréligion. Convenons plutôt que l'erreur et le crime, accoutumées à marcher dans les ténèbres, redoutent la publicité. Le vice n'évite-t-il pas soigneusement le grand jour ? L'ignorance en se montrant en public, se livre à la risée. Mais posons que des opinions erronées, pernicieuses même, professées par l'ignorance et la perversité, abusent quelquefois du noble organe de la vérité ; ne sera-ce pas un appel fait à la vérité même, de réfuter l'erreur et de signaler le crime ? Ne sont-ce pas les imputations atroces de l'agresseur anonyme de Montesquieu, qui nous ont procuré l'excellente *Défense de l'esprit des lois ?* Quelques livres impies n'ont-ils pas provoqué d'admirables ouvrages sur l'excellence de la religion chrétienne ? Jamais les ennemis du bien n'affectent une plus tendre sollicitude que pour les institutions mêmes dont ils comptent abuser impunément. C'est ainsi que la plus sacrée de toutes, la religion, sous le coupable prétexte de la préserver de l'erreur, a été souvent l'instrument des plus cruelles persécutions, tant qu'il n'était pas au pouvoir des ames droites d'en signaler publiquement l'injustice ; c'est ainsi que les augustes fonctions de la magistrature ont été souvent prostituées pour opprimer l'innocence, parce que ses défenseurs n'avaient pas la liberté d'en dévoiler la coupable condescendance ou la vénalité; c'est ainsi que la vérité, malgré les intentions libérales du souverain, ne trouva plus moyen de pénétrer jusqu'au trône; c'est ainsi que naguères en France, le pouvoir légitime confié à un cœur d'airain, ne cessant de prétexter le bien public et la gloire du peuple, dégénéra en despotisme, d'abord sous l'éclat trompeur des plus hautes conceptions, et ensuite avec une rapidité accablante qui étonna et étourdit les meilleurs esprits. Cela pouvait-il être autrement? La vérité se vit réduite au silence parce qu'elle avait perdu l'organe de la publicité.

Que les généreux amis du bien ne soient donc plus obligés chez nous d'envelopper les vérités les plus importantes dans une obscurité volontaire. *) C'est en limitant la liberté de la presse plus étroitement que l'exercice de tout autre droit, qui ne devient punissable aux yeux de la loi que par un délit *commis,* qu'on a prétendu l'assujettir à une censure arbitraire et ombrageuse; c'est en la resserrant de plus en plus et en la livrant à l'ignorance ou à la passion de personnes puissantes, qu'on est parvenu à la faire méconnaître au point de lui attribuer

---

*) Eloge de Montesquieu, par d'Alembert.

aux yeux de la multitude ignorante et aveuglée une infinité de maux dont elle seule pouvait étouffer le germe ou empêcher la propagation. La religion aussi n'a-t-elle point été accusée d'être la cause de nombre d'excès, dont elle n'a été que le criminel prétexte ?

Convenons donc qu'aucun droit dans l'ordre social ne porte en lui-même un remède aussi prompt du mal qu'il peut occasionner que la liberté de la presse. Mille maux rampent dans l'obscurité et ne laissent sentir leurs effets que lorsqu'il est trop tard pour y remédier. La publicité est exempte de ce danger par sa nature même. Empêcher l'émission libre et fréquente des opinions, au risque même d'en voir émettre d'erronées, c'est détruire, avec l'habitude d'écrire, celle de lire, de rechercher, de chérir la vérité. Voilà pour les temps ordinaires. Mais il en est autrement dans des occurences critiques, où les passions se mettent vivement en jeu, où des révolutions, des violences se préparent. C'est alors que nous voyons limiter aussitôt la faculté de juger publiquement des faits. Endormis dans une indifférence habituelle, et peu exercés à entendre professer des vérités, nous verrons des écrivains soudoyés prostituer leur talent pour abuser de notre faiblesse et nous assoupir davantage. C'est alors que nous les entendrons crier anathème contre ceux qui *pensent* différemment, et fermer ainsi la bouche, à l'aide de la multitude égarée, à ceux qui, intimidés et découragés, depuis long-temps, de *parler* et *d'écrire,* auraient les moyens et la vocation de le faire dans ces momens difficiles.

Aurons-nous besoin de tracer ici le triste tableau de nos malheurs, du moment que le despotisme des factions, en limitant de fait le droit d'écrire, renversa avec fureur tout ce qui pouvait s'opposer à ses vues funestes? Dès-lors une catastrophe sanglante vient ouvrir la scène. La France est livrée aux passions farouches du crime; après des années de tourmente une aurore trompeuse paraît dissiper les ténèbres, mais elle est bientôt suivie d'un nouveau déclin, d'une rechûte honteuse, et se termine par une longue période de malheurs dont l'excès nous reconduit enfin, avec nos rois légitimes, au port du salut. Et ces orages révolutionnaires auraient-ils affligé le pays et son chef, s'il avait été libre aux écrivains d'élever leur voix sur l'imminence du danger?

Tel est donc à nos yeux, le caractère inviolable de la liberté de la presse, liberté que nous considérons comme le véritable conservateur de notre existence politique et civile, qu'en en limitant l'exercice plus que celui de tout autre droit dont il n'appartient aux lois que de réprimer l'usage criminel, le législateur ébranle, dès sa fondation, l'unique soutien de l'édifice social, et l'expose ainsi à s'écrouler au premier choc. L'expérience nous en est témoin. Prétendre gêner un droit d'ailleurs inattaquable par sa nature et son objet, et dont l'exercice abusif amène infailliblement de lui-même le remède, c'est se mettre en peine de redresser une balance bien ajustée qui n'a besoin que de sa propre action pour reprendre l'équilibre. Se servir de la police, dont les vues plus ou moins locales se plient toujours aux circonstances et ne peuvent ni ne doivent, dans des momens critiques, discuter les principes; se servir, dis-je, de l'action de la police pour restreindre un droit dont le libre exercice seul peut garantir l'inviolabilité et la pureté de nos institutions; qui seul peut soutenir la vigueur du caractère national, préserver le souverain et la nation autant des suggestions de la perfidie, que des entreprises de la violence; c'est faire dépendre du gré d'un instrument secondaire le sort d'une institution qui est le fruit le plus précieux de la civilisation, et qui veille infatigablement au sort de la société; c'est placer le surveillé au-dessus du surveillant; c'est enfin asservir l'opinion publique à des réglemens dont l'autorité lui est étrangère.

Platon *) a recherché avec soin le moyen de connaître comment la justice et l'injustice prennent naissance dans un État. La liberté de la presse remplit le vœu du vertueux philosophe.

Qu'elle soit donc pleine et entière, sauf à en poursuivre les délits; c'est alors que les règles ineffaçables de la morale veilleront constamment aux droits de tous: le langage de la vérité avertira les faibles, étouffera nombre de maux dans leur naissance, et, par son action toujours en équilibre, tant qu'elle ne sera pas vaguement limitée ou arbitrairement contrariée, entretiendra dans tous les cœurs l'ardeur du bien; les mœurs et les vertus publiques et privées, sans cesse enflammées par le noble *besoin* et par la *liberté d'écrire* et de *parler de cœur*, redeviendront plus que jamais les garantes de la prospérité publique et les soutiens de nos loix.

---

*) République, liv. 2.

Le 10 mai 1814.  J. H. S.

Strasbourg, de l'Imprimerie de J. H. Silbermann.

www.ingramcontent.com/pod-product-compliance
Lightning Source LLC
Chambersburg PA
CBHW071415060426
42450CB00009BA/1894